DELIBERATIONS

DU COLLEGE

DE MESSIEURS

LES AVOCATS AUX CONSEILS

DU ROY,

AU ſujet de l'exécution des Reglemens du 28. Juin 1738. ſur la Procedure qui ſe doit faire au Conſeil & dans les Commiſſions du Conſeil.

A PARIS,

Chez PRAULT pere, Imprimeur de Monſeigneur le Chancelier, Quai de Gevres, au Paradis.

M. DCC. XLI.

AVEC PRIVILEGE DU ROY.

TABLE

DES DELIBERATIONS

QUI CONCERNENT L'EXECUTION

DES REGLEMENS DU CONSEIL.

DELIBERATION

DU COLLEGE DES AVOCATS

AUX CONSEILS,

AU sujet de Dires signifiés dans une Instance, & de Mémoires imprimés en Réponse à une Requête en Cassation, distribués avant que ladite Requête fût introduite.

Du 10 Mars 1739.

C EJOURD'HUI en l'Assemblée génerale convoquée par Billets, tenuë en la Chambre ordinaire au Palais, M. Durand premier Syndic a dit: qu'il croyoit ne pouvoir se dispenser de lui rendre compte de deux Faits qui sont venus à la connoissance de Messieurs les Syndics, & qui intéressent également l'honneur & la discipline de la Compagnie.

Que d'un côté, ils ont appris avec peine que, quoique par l'Article 30. du Tit. 4. de la seconde partie du Réglement du Conseil, les Ecritures qui avoient été introduites dans l'instruction des Instances pendantes dans les Bureaux sous le nom de Dires, signés seulement de l'Avocat, sans Ordonnance de Messieurs les Rapporteurs, ayent été avec raison abrogées & défendües à peine de nullité, néanmoins un des Confreres ayant, sans doute par inattention, fait signifier des Dires dans une Inſtance pendante en une commiſſion du Conſeil, Meſſieurs les Commiſſaires ont été obligés de déclarer cette Procedure nulle, comme contraire à cet Article du Reglement.

Que d'un autre côté, ils ont ſçû, qu'au Conſeil qui fut hier tenu à Verſailles, un des Confreres ayant eu l'imprudence, contre la diſpoſition préciſe de l'Art. 32. du Tit. 4. de la premiere partie du Reglement du Conſeil, de ſigner, & même de faire imprimer & diſtribuer deux Memoires en Réponſe à une Requête en Caſſation, avant qu'il eût été ſtatué ſur l'introduction, le Conſeil avoit ordonné la ſuppreſſion de ces Memoires, & fait défenſes aux Avocats d'en ſigner de pareils. Que de ſemblables effets du défaut d'attention & d'exactitude des Confreres à l'exécution de regles ſi ſagement établies, étoient d'autant plus fâcheux que s'ils devenoient plus fréquents, ils pourroient donner lieu de prononcer les peines portées, en ces deux cas, par le Reglement, & même de ſoupçonner qu'ils auroient ſigné de tels Écrits ſans les lire, & par conſéquent, qu'ils prêteroient leur nom aux Avocats dont les Offices ont été ſupprimés, contre l'engagement nouveau & ſolemnel qu'ils viennent de contracter par leur Serment, & au préjudice de la Délibération du 17. du mois de Février dernier ; qu'ainſi ils ont crû qu'il étoit de leur devoir d'inſtruire la Compagnie de l'importance de ces deux Faits, afin que chaque Confrere, en particulier, redouble ſon attention à l'obſervation exacte du Reglement, & évite à la Compagnie des exemples toujours fâcheux, même pour ceux qui n'y ont pas donné lieu.

Surquoi, la Compagnie a remercié Meſſieurs les Syndics de leur zéle & de leur prudence, & elle a arrêté que chaque Confrere donnera toute ſon attention, à ſe conformer avec le plus d'exactitude aux diſpoſitions du Reglement ; & ont meſdits Sieurs Syndics ſigné.

DÉLIBERATION

DU COLLEGE DES AVOCATS AUX CONSEILS,

CONCERNANT *les Délibérations des Syndics sur les restitutions de Piéces, & l'Ecriture des Requêtes.*

Du 26. Mai 1739.

CEJOURD'HUI, en l'Assemblée tenuë en la Chambre ordinaire au Palais, M. Bidard deuxiéme Syndic a dit : que Monseigneur le Chancelier leur avoit donné ordre d'avertir les Confreres, qu'il avoit enjoint aux Syndics, qu'à l'avenir, dès que les Parties auroient dénoncé à M. le Greffier les sommations qu'elles auront faites aux Confreres, de rendre les Piéces qu'ils avoient prises en communication, ils eussent à s'assembler sur le champ, à la diligence de M. le Greffier, qui leur remettra la Dénonciation, & de prendre à cet effet Déliberation à l'instant, & de la remettre aussi-tôt à Sa Grandeur.

Que Monseigneur le Chancelier les avoit encore chargés d'avertir les Confreres, que son intention étoit, que les Ecritures fussent à l'avenir en Ecriture Italienne, ou d'Ecriture bâtarde, & non en ronde, & qu'ils se conformassent exactement au Reglement du Conseil, tant à l'égard du nombre des syllabes à mettre à la ligne, ques des lignes à la page, & de porter les renvois qu'ils seront obligés de faire dans les conclusions des Requêtes, au-dessus de la signature, & non à la marge.

La matiere mise en déliberation, la Compagnie, sous le bon plaisir de Monseigneur le Chancelier, a arrêté, qu'elle se conformeroit exactement à ses volontés & à l'exacte exécution du Reglement ; & ont mesdits Sieurs Syndics signé.

DELIBERATION

DU COLLEGE DES AVOCATS AUX CONSEILS

*AU sujet des Droits des Huissiers du Conseil pour les si-
gnifications des Actes de sommation, protestation, ou
autres signifiés pendant le cours des Instances.*

Du 11. Août 1739.

CEJOURD'HUI en l'Assemblée generale convoquée par Billets, tenuë en la Chambre ordinaire au Palais, M. Durand
premier Syndic, a dit : que Messieurs ses Collegues, & lui
avoient été mandés par Monseigneur le Chancelier Mercredi
dernier cinq de ce mois, & qu'il leur avoit fait l'honneur de
leur dire, que c'étoit pour leur apprendre sa décision sur
l'affaire de la Compagnie contre les Huissiers.

Que son intention étoit qu'il en fût usé à l'avenir, comme
par le passé entre les Avocats & les Huissiers, à l'égard du
droit de signification des Actes de sommation, protestation,
& autres signifiés pendant le cours des Instances, & que les
Huissiers laissassent aux Avocats la moitié de ce droit, moyen-
nant quoi, les Avocats seroient tenus de leur remettre les
copies de ces Actes, écrites par leurs Clercs, & signées d'eux,
ainsi qu'il s'étoit pratiqué de tous tems pour l'expedition des
affaires.

Qu'à l'égard des significations qui seroient faites aux Procureurs generaux des Commissions du Conseil, Inspecteurs generaux du Domaine & Controlleurs des restes & bons d'Etats
du Conseil, ou dans les Commissions extraordinaires du Conseil, son intention étoit que le Reglement du Conseil fût
exécuté exactement, & que les significations ne fussent portées dans les Déclarations ou Memoires de dépens, & ne
pussent être éxigées ou payées aux Huissiers, que suivant la nature de l'Acte, & sur le pied reglé par le Tarif inseré dans le
Titre 16. du Reglement, c'est-à-dire, comme toutes les autres
significations faites d'Avocat à Avocat.

Que

Que Monſeigneur le Chancelier a ajoûté, qu'il avoit fait part de ſes intentions aux Huiſſiers, qui s'y conformeroient exactement, afin que rien ne pût déſormais alterer l'union qui devoit regner entre tous les Officiers attachés au Conſeil pour le bien du Service.

Surquoi la Compagnie, ſous le bon plaiſir de Monſeigneur le Chancelier, a arrêté unanimement, 1°. que Meſſieurs les Doyen & Syndics iroient au premier jour ſaluer Monſeigneur le Chancelier, pour lui témoigner la reconnoiſſance de la Compagnie de toutes ſes bontés, & l'aſſurer du zéle & de l'application qu'elle apportera toujours à exécuter ſes volontés & à lui prouver ſon attachement & ſon reſpect.

2°. Que doreſnavant chacun des Confreres remettroit aux Huiſſiers, les copies des Actes de ſommation, proteſtation, ou autres qu'ils auroient à faire ſignifier pendant le cours des Inſtances, écrites par leurs Clercs & ſignées d'eux, au moyen de quoi, ſur les dix ſols qui ſont portés par le Tarif pour la ſignification des Actes, ils ne leur remettroient que cinq ſols pour chaque ſignification, qu'ils ne leur payeroient pareillement pour les ſignificatious qui ſeront faites aux Procureurs géneraux des Commiſſions du Conſeil, aux Inſpecteurs généraux du Domaine, ou aux Controlleurs des reſtes & bons d'Etats du Conſeil, que comme pour les ſignifications faites d'Avocat à Avocat, c'eſt-à-dire, vingt ſols pour chaque ſignification des Requêtes, Jugemens, ou Arrêts ſignifiés pendant le cours des Inſtances, cinq ſols pour celle de tous autres Actes, & trente ſols pour les aſſignations à domicile, ou ſignifications des Arrêts introductifs d'Inſtance, & pour le premier Commandement fait après le Jugement, ſauf, en ces deux cas, l'augmentation de vingt ſols par lieuë lorſque l'Huiſſier ſe ſeroit tranſporté hors du lieu de ſa réſidence; enfin que chacun des Confreres auroit grande attention à n'employer dans les Déclarations ou Memoires de dépens, pour les ſignifications, que les Droits cy-deſſus énoncés; & ont meſdits Sieurs Syndics ſigné.

DELIBERATION

DU COLLEGE DES AVOCATS AUX CONSEILS,

AU sujet de l'Abrogation des Dires ou Ecritures en forme ou apparence de Dires dans les Instances.

Du 11. Août 1739.

CEJOUD'HUI en l'Assemblée générale, convoquée par Billets, tenuë en la Chambre ordinaire au Palais, M. Durand, premier Syndic, a dit: qu'il avoit reçû le même jour une Lettre de M. Afforti, à lui écrite par Ordre de Monseigneur le Chancelier, avec un Arrêt du Conseil rendu le 26. Juin dernier, qui ordonne l'exécution des Articles XXI. & XXX. du Titre IV. de la seconde Partie du Reglement du Conseil, & fait défenses de faire signifier dans les Instances, aucuns Dires, ni Ecritures en forme ou apparence de Dire, & il a demandé qu'il fût fait lecture de la Lettre & de l'Arrêt.

La lecture faite, la Compagnie a chargé Messieurs les Syndics de témoigner à Monseigneur le Chancelier, qu'elle se conformeroit avec grande attention, aux dispositions de cet Arrêt, & qu'elle n'avoit rien de plus à cœur, que d'exécuter avec exactitude, le Reglement du Conseil, & en conséquence, il a été arrêté, que l'Arrêt seroit enregistré & exécuté selon sa forme & teneur.

Ensuit la teneur dudit Arrêt.

Extrait des Regiftres du Conseil d'Etat Privé du Roi, tenu à Paris le 26. Juin 1739.

Entre Labat, Demandeur en main-levée d'une opposition au Titre, Arnault, Opposant au Titre, & Lamer, assigné en garantie, &c. Vû, &c.

Le Roy en son Conseil, faisant droit sur l'Instance, sans s'arrêter à l'opposition au Titre, &c. Ordonne au surplus Sa Majesté, que les Art. XXI. & XXX. du Titre IV. de la seconde Partie du Reglement du Conseil, seront exécutés, & en conséquence, a déclaré & déclare nulle, la piéce d'Ecriture fignifiée à la Requefte de Labat le 23. Juin 1739; Enjoint aux Avocats en fes Confeils, de fe conformer aux difpofitions defdits Articles, & leur fait défenfes d'inftruire les Inftances, autrement que par Requefte, répondüe d'une Ordonnance du Rapporteur, & de faire fignifier aucunes autres Ecritures, fous quelque dénomination que ce puiffe être; Enjoint pareillement aux Huiffiers du Confeil, de fe conformer à l'Art XVIII. du Tit. I. de la feconde Partie dudit Reglement, leur fait défenfes de fignifier aucunes Requeftes ou Ecritures pour l'inftruction des Inftances, fi elles ne font répondües d'une Ordonnance du Rapporteur, le tout, fans préjudice de la fignification des Mémoires imprimés, ou de fimples Actes d'emploi, ou autres de pareille nature & qualité. Et fera le prefent Arrêt lû en l'Affemblée des Avocats aux Confeils.

Enfuite, M. Durand a dit : qu'il venoit des plaintes de tous les côtés dans le Public, de ce qu'on ne pouvoit parvenir à faire rendre les Productions prifes en communication, & qu'il falloit en venir fouvent aux voyes rigoureufes prefcites par le Reglement; qu'il ne pouvoit trop exhorter les Confreres à faire ceffer de pareilles plaintes; qu'il y en a eu fur tout, dans des Affaires pendantes devant Meffieurs les Secretaires d'Etat & Intendans des Finances; que c'eft le moyen d'empêcher que la Compagnie ne puiffe jamais obtenir la juftice qu'elle defireroit fur la néceffité de fe fervir, fuivant l'ancien ufage & les difpofitions du Reglement de 1673. du miniftere des Avocats aux Confeils, dans ces forres d'Affaires, ce qui devroit être cependant un des principaux objets de tous les Confreres, comme le plus capable de porter la Compagnie, au point où elle devroit être ; quainfi, chaque Confrere devroit avoir la plus grande attention à rendre exactement les Piéces qu'il auroit prifes en communication, fans donner lieu à des démarches fatiguantes pour les Parties, & à des plaintes aux Superieuts, qui retombent néceffairemeut fur tout le Cops, & l'empêcheroient de parvenir à ce qu'il doit le plus travailler à obtenir.

Sur quoi, la Compagnie a arrêté, que chaque Confrere renouvelleroit fon attention à prévenir toutes plaintes au fujet de la reftitution des Piéces ; & ont mefdits Sieurs Syndics figné.

DELIBERATION

DES AVOCATS AUX CONSEILS,

POUR cotter les Requêtes d'instruction, de Production nouvelle, ou de Réponse à Production nouvelle, ou sur des Incidens.

Du 9. Février 1740.

CEJOURD'HUI en l'Assemblée tenüe en la Chambre ordinaire au Palais, M. Durand, premier Syndic, a dit : qu'il avoit reçû une Lettre de M. Langlois, premier Secretaire de Monseigneur le Chancelier, en datte du 5. du present mois, dont il requiert la lecture & l'enregistrement.

Ensuit la teneur de ladite Lettre.

A Paris ee 5. Février 1740.

Messieurs, Monseigneur le Chancelier a été informé, que quelques-uns de Messieurs les Maîtres des Requêtes, se trouvent embarrassés à répondre les Requêtes d'Instruction, qui leur sont presentées par Messieurs vos Confreres, parce qu'ils ne sçavent pas si le nombre des Requestes fixé par le Reglement, n'est pas déja templi, & qu'ils craignent que, si cela se trouvoit, leur Ordonnance ne fût exposée à être cassée, lors du Jugement de l'Instance. Comme il est à propos d'ôter toute occasion de surprise, pour assurer encore plus l'exécution du Reglement, Monseigneur le Chancelier a crû que le meilleur moyen d'y parvenir, étoit que l'Avocat qui signera une Requeste d'Instruction, cotte en marge d'icelle, à côté des Conclusions, la qualité de la Requeste, en ces termes : *Premiere ou seconde Requeste d'Instruction ; premiere, seconde, ou autre Requeste de Production nouvelle ; Requeste en réponse de Production nouvelle ; Requeste sur Incident, ou de réponse à une Requeste sur Incident,* ou en cas, qu'il soit survenu de nouvelles Parties en l'Instance, *premiere ou seconde Requeste d'Instruction contre une telle Partie,* & ainsi de toutes les Requestes d'Instruction qu'ils presenteront, soit au Conseil, soit dans les Commissions extraordinaires du Conseil, & qu'ils paraphent lesdites cottes, en forte que Meſſieurs les Rapporteurs puiſſent connoître la nature des Requeſtes qu'ils auront à répondre ; & que cette attention oblige de plus en plus vos Confreres à ſe renfermer exactement dans les bornes preſcrites par le Reglement. Vous aurez agréable, Meſſieurs, de les inſtruire du contenu de cette Lettre, & de l'inſerer dans vos Regiſtres, afin que les intentions de Monſeigneur le Chancelier ſoient ponctuellement exécutées. J'ai l'honneur d'être avec une parfaite conſideration, Meſſieurs, Votre très-humble & très-obéiſſant Serviteur, LANGLOIS.

Surquoi, lecture faite de ladite Lettre, la Compagnie, ſous le bon plaiſir de Monſeigneur le Chancelier, a été d'avis, que ladite Lettre ſeroit enregiſtrée & inſerée dans les Regiſtres de ſes Déliberations ; & en conſéquence, que d'oreſnavant chaque Confrere ſera tenu, en ſignant les Requeſtes d'Inſtruction qu'il preſentera ; ſoit au Conſeil, ſoit dans les Commiſſions extraordinaires du Conſeil, de cotter en marge, à côté des Concluſions, la qualité & nature deſdites Requêtes, en ces termes : *Premiere, ſeconde Requeſte d'Inſtruction ; premiere, ſeconde Requeſte de Production nouvelle, Requeſte en réponſe à Production nouvelle, Requeſte ſur Incident, ou de réponſe à une Requeſte ſur Incident ;* ou en cas qu'il ſoit ſurvenu de nouvelles Parties en l'Inſtance ; *premiere ou ſeconde Requeſte d'Inſtruction contre une telle Partie,* & ainſi de toutes les Requeſtes d'Inſtruction qu'ils preſenteront, pour être répondües d'Ordonnances de Meſſieurs les Rapporteurs, & qu'ils ſeront tenus de parapher leſdites cottes & de ſe conformer aux diſpoſitions du Reglement, ſur le nombre des Requeſtes ; & afin que l'Ordre de Monſeigneur le Chancelier ſoit connu de chacun des Confreres, la Compagnie a chargé Meſſieurs les Syndics de faire inceſſamment imprimer ladite Lettre, avec mention, au bas, de la preſente Déliberation, & d'en remettre un exemplaire à chacun des Confreres ; & ont meſdits Sieurs Syndics ſigné.

DELIBERATION

DU COLLEGE DES AVOCATS AUX CONSEILS,

SUR la signification des Actes de remises de Pieces, dans les Instances qui s'instruisent dans les Commissions extraordinaires du Conseil.

Du 21. Juin 1740.

CEJOURD'HUI, en l'Assemblée tenüe en la Chambre ordinaire au Palais, M. Durand premier Syndic, a dit: qu'on a porté des plaintes à Messieurs ses Collegues & à lui, de ce que dans les Commissions extraordinaires du Conseil, les Avocats accompagnoient chaque Requête d'instruction de production nouvelle, ou de réponse à production nouvelle, ou sur incidens, d'un Acte de remise, qu'ils faisoient signifier à l'Avocat de la Partie adverse, quoiqu'aux termes de l'Article VI. du Reglement pour les Commissions extraordinaires, cet Acte ne dût être fait & signifié que dans un seul & unique cas, c'est-à-dire, celui de la forclusion; qu'en effet, cet Acte n'est nécessaire que pour acquerir la forclusion contre un défendeur, qui ayant constitué Avocat sur la signification qui lui a été faite d'une Ordonnance ou Jugement de communiqué, n'a pas jugé à propos de faire signifier sa Requête en réponse à celle qui lui a été communiquée; alors l'Avocat du Demandeur doit faire signifier un Acte, portant qu'il a remis sa Requête ou le Jugement de communiqué, & les Pieces, entre les mains du Rapporteur, avec sommation d'en faire autant, sinon qu'il poursuivra contre lui le jugement de sa demande par forclusion; & s'il n'y satisfait pas dans le délai de deux mois & huitaine, suivant l'Article II. du Titre V. du Reglement du Conseil, la forclusion est acquise, & l'affaire peut être jugée.

Mais de-là il suit, que cet Acte est inutile & sans objet, toutes les fois que le Défendeur a répondu, & encore plus toutes les fois que cet Acte est signifié à la Requête de l'Avocat du Défendeur, qui n'a jamais de forclusion à acquerir contre

Demandeur, parce que comme toutes les Inſtances qui ſ'inſtruiſent dans les Commiſſions du Conſeil, ſont des Inſtances de communiqué, l'affaire étant introduite ſur une Requête du Demandeur, le Défendeur qui a fourni ſa Requête en réponſe, eſt toûjours en état, lorſque les délais de l'inſtruction ſont expirés, de la faire juger contradictoirement avec le Demandeur, ſans qu'il y ait aucun Acte à lui faire ſignifier; ainſi, tous les Actes de remiſe ſignifiés à la ſuite des Requêtes d'inſtruction de production nouvelle, de réponſes à icelle, ou ſur les incidens, à l'exception ſeulement de celui que le Demandeur peut faire ſignifier pour acquerir la forcluſion contre un Défendeur qui ne lui répond point, ſont nuls ou de nul effet, ne peuvent entrer en taxe, & tombent dans la prohibition portée par l'Article VI. du Titre premier de la ſeconde partie du Reglement du Conſeil, & par l'Article XXX. du Titre IV. de la même partie.

Il doit en un mot, en être uſé dans les Inſtances qui s'inſtruiſent dans les Commiſſions du Conſeil, de la même maniere que dans celles qui s'inſtruiſent au Conſeil, où l'on n'a jamais fait ſignifier qu'un ſeul Acte de produit dans une Inſtance, & dans le ſeul cas où il s'agit d'acquerir la forcluſion, & où cet Acte ne peut même être ſignifié à la Requête d'un Défendeur, que dans les Inſtances qui ont été introduites par aſſignation, & non dans celles qui l'ont été par Arreſt de communiqué.

Ainſi M. Durand a crû qu'il étoit de ſon devoir d'avertir les Confreres de ne plus faire ſignifier de pareils Actes, hors le cas de la forcluſion, afin de ne pas s'expoſer à les voir annuller, & donner lieu d'imaginer qu'ils chercheroient à éluder les diſpoſitions du Reglement, & à multiplier inutilement la Procedure & les frais.

Sur quoi la Compagnie a témoigné qu'Elle donneroit toute ſon attention à prévenir tout ſujet de plainte à cet égard, & à marquer ſon exactitude & ſon zéle à obſerver les differentes diſpoſitions du Reglement; & Elle a prié Meſſieurs les Syndics de faire remettre à chacun des Confreres, & ſur tout aux abſens, une note de cet Avertiſſement, afin qu'il puiſſe s'y conformer; & ont meſdits Sieurs Syndics ſigné.

DELIBERATION

DES AVOCATS AUX CONSEILS,

AU sujet de la présentation des Avocats, dans les Instances introduites par assignation.

Du 25. Aoust 1740.

CE JOURD'UI jour de Saint Louis, en l'Assemblée generale, convoquée par billets, tenuë en une Salle du Convent des Reverends Peres Augustins, avant la Messe qui a été celebrée, la plus grande partie des Confreres s'y sont rendus, & au retour du Service, après l'appel de tous les Confreres, M. Durand, premier Syndic, a dit : qu'il avoit reçû une Lettre de M. Langlois, premier Secretaire de Monseigneur le Chancellier, en date du 13. du present mois, adressée à Messieurs les Syndics, dont il requeroit la lecture estre faite & l'enregistrement.

Ensuit la teneur de la Lettre. A Compiegne le 13 Aoust 1740.

Messieurs, Monseigneur le Chancelier m'a ordonné de vous écrire, que pour prévenir toutes difficultés entre Messieurs les Greffiers du Conseil & Messieurs les Avocats au Conseil, au sujet de la présentation, son intention est que doresnavant, tout Avocat au Conseil qui presentera une Requeste pour faire commettre ou subroger un Rapporteur, ou pour faire nommer des Commissaires, soit tenu d'y inserer la date de l'Acte de presentation au Greffe, ou de la premiere Ordonnance de Committitur, qui auroit été précedemment obtenuë par son Client dans ladite Instance, ou enfin, s'il s'agit d'une Instance introduite par Arrest, ou par Ordonnance de soit communiqué, la date dudit Arrest ou de ladite Ordonnance, afin que l'on sçache pourquoi il n'y a point eu de présentation ; mais comme vous avez representé à Monseigneur, que dans les anciennes Instances, dont un Avocat avoit été chargé après plusieurs autres, & qu'il

n'auroit

n'auroit pas fait introduire, il feroit fouvent difficile qu'il pût trouver ces dates lorfqu'il s'agiroit de faire nommer un Rapporteur ou des Commiffaires, & qu'une pareille recherche pourroit même retarder l'inftruction ou le jugement de l'Inftance, Monfeigneur m'a ordonné de vous mander que fon intention eft, que l'Avocat qui ne pourra juftifier de ladite Préfentation ou Ordonnance de Committitur, lorfqu'il fera obligé de faire nommer un Rapporteur ou des Commiffaires, foit tenu de dépofer au Greffe la fomme réglée pour le Droit de Préfentation, & d'en joindre fa quittance à la Requefte de Committitur; mais il donnera fes ordres en même tems aux Greffiers du Confeil, afin que cette quittance contienne la condition de rendre ladite fomme, dès que l'Avocat juftifiera de la date de la préfentation. Vous aurez pour agréable, Meffieurs, de lire cette Lettre dans votre Affemblée, de l'inferer dans vos Regiftres, & d'en faire part à chacun de Meffieurs vos Confreres, afin qu'ils fachent que Monfeigneur ne nommera point de Rapporteur ni de Commiffaires dans les cas cy-deffus mentionnés, fi la Requefte pour les faire nommer ne fe trouve conforme à ce que je viens de vous marquer de fa part.

J'envoye par ordre de Monfeigneur, à Meffieurs les Greffiers du Confeil, une copie de cette Lettre, afin que ces intentions étant connuës de part & d'autre, elles puiffent eftre executées avec le concours néceffaire pour l'expedition des affaires.

J'ay l'honneur d'eftre très-parfaitement, Meffieurs, votre très-humble & très-obéïffant ferviteur, LANGLOIS.

Lecture faite de la Lettre.

La Compagnie a été d'avis, fous le bon plaifir de Monfeigneur le Chancelier, qu'elle demeurera enregiftrée au prefent Regiftre des Déliberations, pour eftre executée felon fa forme & teneur, & qu'il en fera envoyé la note à chacun des Confreres. La Compagnie a auffi témoigné n'avoir rien de plus à cœur que de fe foumettre aux intentions de Monfeigneur le Chancelier, & de s'y conformer avec exactitude; & ont mefdits Sieurs Syndics figné.

Lettre écrite le 13. Aouſt 1740. à Monſieur Cogorde,
Greffier du Conſeil.

MONSIEUR,

Je vous envoye la copie de la Lettre que j'écris par ordre de Monſeigneur le Chancelier à Meſſieurs les Syndics des Avocats aux Conſeils, pour prévenir ou pour faire ceſſer les difficultés qui ſurviennent au ſujet de la préſentation entr'eux & Meſſieurs les Greffiers du Conſeil : Vous verrez par cette Lettre que ſi l'intention de Monſeigneur eſt de vous aſſurer la perception du Droit qui vous appartient, ſon intention eſt auſſi qu'il ne vous ſoit payé qu'une fois ; & que lorſque les Avocats feront obligés de dépoſer le Droit de Préſentation dans le cas où ils ne pourront juſtifier que la Préſentation a été faite, vous vous ſoumettiez par la quittance que vous leur donnerez, de leur rendre la ſomme, au cas qu'ils juſtifient dans la ſuite que la préſentation avoit été faite.

Vous prendrez, s'il vous plaît, la peine de faire part de cette Lettre à Meſſieurs vos Confreres.

J'ay l'honneur d'eſtre très-parfaitement, Monſieur, votre très-humble & très-obéïſſant ſerviteur.

Signé, LANGLOIS.

DELIBERATION

DES AVOCATS AUX CONSEILS,

AU ſujet des Committitur dans les Affaires du Bureau de Chancellerie.

Du 11. Octobre 1740.

CE JOURD'HUI en l'Aſſemblée tenuë en la Chambre ordinaire au Palais, M. Durand, premier Syndic, a dit avoir reçû une Lettre de M. Langlois, premier Secretaire de Monseigneur le Chancelier, en date du 4. du present mois, dont il requeroit la lecture & l'enregistrement.

Ensuit la teneur de la Lettre. A Fontainebleau ce 4 Octobre 1740.

Monseigneur le Chancelier me charge, Monsieur, de vous écrire, afin que vous preniez la peine d'avertir Messieurs vos Confreres de ne point remettre entre les mains du Greffier du Conseil, des Requestes pour faire commettre des Rapporteurs dans les affaires du Bureau de Chancellerie, sur lesquelles ils doivent s'adresser à M. d'Argenson President de ce Bureau. J'ay l'honneur d'estre très-parfaitement, Monsieur, votre très-humble & très-obéïssant serviteur, L A N G L O I S.

Lecture faite de la Lettre, & la matiere mise en déliberation, la Compagnie, sous le bon plaisir de Monseigneur le Chancelier, a été d'avis qu'elle sera enregistrée au present Registre des Déliberations, pour estre executée selon sa forme & teneur; & ont mesdits Sieurs Syndics signé.

DELIBERATION

DES AVOCATS AUX CONSEILS,

AU sujet des oppositions aux Jugemens rendus par défaut dans les Commissions du Conseil.

Du 22. Novembre 1740.

CE JOURD'HUI, en l'Assemblée tenuë en la Chambre ordinaire au Palais, M. Durand a dit : qu'il avoit reçû une Lettre de M. Langlois, premier Secretaire de Monseigneur le Chancelier, du 4. du present mois, dont il demandoit lecture estre faite & enregistrement. Ensuit la teneur de la Lettre.

A Fontainebleau ce 4. Novembre 1740.

Monsieur, il a été remis à Monseigneur le Chancelier un Mémoire, par lequel il paroît qu'il s'est élevé parmi Messieurs vos Confreres, quelques difficultés fur la Procedure qui doit être obfervée pour être reçû oppofant à un Jugement par défaut, rendu dans les Commiffions du Confeil ; mais Monfeigneur après l'avoir examiné, a jugé que l'Article IV. du Reglement qui a été fait pour ces fortes de Commiffions, y auroit fuffifamment pourvû, & qu'ainfi il n'y avoit aucune difficulté à fe conformer exactement à la Procedure qui y eft prefcrite, & qui ne peut être plus fimple.

Aux termes de cet Article, la Partie qui a été jugée par défaut, doit d'abord offrir les dépens aufquels elle a été condamnée, & prefenter enfuite une Requête en vû de Jugement, par laquelle elle propofe fes moyens, tant fur l'oppofition que fur le fond de la conteftation, & conclut en même tems & fur l'un & fur l'autre, afin que fi l'oppofition réüffit, cette Requête inferée dans le Jugement qui intervient fur l'oppofition, lui ferve en même tems de premiere Requefte d'inftruction dans l'inftance au fond, & la mette en état deftre jugée contradictoirement. Cette Requefte doit eftre remife au Rapporteur de l'Inftance ; & fi l'oppofition eft jugée recevable, il intervient un Jugement, par lequel la Partie eft reçûë oppofante au Jugement par défaut, & on lui donne Acte de ce que pour défenfes au fond, elle employe le contenu en la Requefte fur laquelle il eft refervé à cet égard, de faire droit en jugeant l'Inftance ; telle eft la procedure qui doit eftre faite en pareil cas ; & l'intention de Monfeigneur, eft que les Avocats aux Confeils la fuivent ponctuellement.

Mais après vous avoir informé de fa décifion fur ce Mémoire, je crois que vous ne ferez pas fâché que j'y ajoûte perfonnellement les réflexions fur lefquelles il m'a paru qu'elle étoit fondée.

L'efprit de tout ce Reglement, & de l'Article IV. en particulier, a été d'approprier autant qu'il étoit poffible, les formes établies par le Reglement general du Confeil, pour l'inftruction des Inftances qui y font portées, aux Procedures qui fe font pardevant Meffieurs les Commiffaires du Confeil ; ainfi, comme la Partie qui s'eft laiffé condamner par défaut au Confeil, ne peut être admife à inftruire le fond de l'Inftance, fans avoir détruit auparavant cet Arreft par la voye des Lettres ou d'un Arreft de reftitution ; de même auffi dans les Commiffions extraordinaires, la Partie qui a été condamnée par défaut ne peut eftre reçûë à inftruire le fond de la conteftation, fans y avoir été autorifé préalablement par un Jugement qui la re-çoive oppofante au Jugement par défaut. La parité eft donc entiere entre les deux cas, excepté que ce qui fe fait dans le premier par la voye de reftitution, fe fait dans le fecond par celle de l'oppofition.

Mais vous fentez que de-là il fuit néceffairement, que rien ne feroit plus irrégulier que de former de pareilles oppofitions par de fimples Requeftes réponduës d'une Ordonnance de foit communiqué, comme on le propofe par le Mémoire, puifque fuivant les termes mêmes de l'Article IV. après la réfufion des dépens, il doit eftre ftatué fur l'oppofition par les Commiffaires; il faut donc qu'il intervienne un Jugement, & il doit être rendu fur le Vû de l'Acte de réfufion des dépens, & des autres Pieces, qu'une fimple Ordonnance ne peut con-tenir : Elle ne ferviroit d'ailleurs qu'à introduire une premiere Inftance très-inutile, puifqu'il ne s'agit que de fçavoir fi l'oppo-fition eft reçevable, ce qui peut fe décider aifément par le feul examen de la Requête de l'Oppofant & des Pieces qui y font jointes; quel feroit même l'évenement de cette Inftance préliminaire ? Où elle fe termineroit à ftatuer fur l'oppofition, & c'eft ce qui peut fe faire, comme je viens de le dire fur le vû de la Requête de l'Oppofant; où l'on voudroit accumuler le Jugement du fond avec celui de l'oppofition, & rien ne feroit plus contraire à toutes les Regles, puifque le premier pas qu'il faut faire en pareil cas, eft de prononcer fur cet in-cident préalable, faute de quoi l'oppofant n'eft pas en état de pouvoir être entendu fur le fond de la conteftation.

Tout le mal me paroît venir de ce qu'on confond, fans y penfer, la tierce oppofition, ou l'oppofition à un Jugement fur Requête, avec l'oppofition à un Jugement par défaut, fans confiderer que l'une regarde le fond, au lieu que l'autre ne tombe que fur la forme, & ne tend qu'à faire ceffer une fin de non-reçevoir, qu'on ne manqueroit pas d'oppofer à la Partie, pour l'empêcher d'expliquer fes raifons fur le fond de la conteftation.

A l'égard des délais dans lefquels le Jugement qui reçoit l'oppofition doit être obtenu & fignifié, ils ont été reglés de maniere que les Parties, peuvent avoir tout le tems néceffaire pour l'obtenir, il n'y a guere de Commiffions dont les Commiſſaires ne s'aſſemblent une fois la Semaine, en tout cas, ſi ce Jugement qui ne mérite pas une grande diſcuſſion , éxigeoit plus de célérité, il ſeroit facile d'y parvenir, comme cela ſe pratique ſouvent, en l'expédiant à la fin d'un autre Bureau, ou à l'iſſuë du Conſeil, de ſorte qu'il ne peut y avoir le moindre retardement à craindre de la part des Commiſſaires ; s'il y en avoit de la part de leurs Greffiers, ils ſçauroient y mettre ordre.

Ainſi vous voyez, Monſieur, qu'il ne peut y avoir de difficulté dans l'interpretation ni dans l'examen du Reglement à cet égard ; vous aurez pour agréable de faire lecture de cette Lettre à votre Aſſemblée, de l'inferer dans vos Regiſtres, & d'en donner des Copies à Meſſieurs vos Confreres, afin qu'ils ayent ſoin de s'y conformer exactement , j'ai l'honneur d'être trèsparfaitement, Monſieur , votre très-humble & très-obéiſſant ſerviteur, LANGLOIS.

Lecture faite de la Lettre & la matiere miſe en déliberation.

La Compagnie, ſous le bon plaiſir de Monſeigneur le Chancelier, a été d'avis qu'elle demeurera enregiſtrée au préſent Regiſtre, & qu'il en ſera envoyé des Copies à chacun des Confreres, & au ſurplus la Compagnie a témoigné n'avoir rien de plus à cœur que de ſe conformer exactement aux déciſions de Monſeigneur le Chancelier, & ont meſdits Sieurs Syndics ſigné.

DELIBERATION
DES AVOCATS AUX CONSEILS,

AU ſujet de la mention de la datte du Recepiſſé des productions & de celle du jour auquel l'Avocat s'eſt engagé de les rendre , dans les Dénonciations qui ſont faites au Greffier des Avocats aux Conſeils.

Du 22. Novembre 1740.

CEJOURD'HUI en l'Aſſemblée tenuë en la Chambre ordinaire au Palais, M. Durand, a dit : qu'il avoit reçu une Lettre de M. Langlois, à lui adreſſée, en datte du même jour

4. du préſent mois, avec la copie d'une adreſſée aux Huiſſiers du Conſeil, dont il requeroit la Lecture & l'Enregiſtrement. Enſuit la teneur de la Lettre écrite à M. Durand.

A Fontainebleau le 4. Novembre 1740.

Monſeigneur le Chancelier, me charge, Monſieur, de vous envoyer la Copie de la Lettre que j'ai écrite de ſa part aux Huiſſiers du Conſeil ſur les repréſentations que vous lui avez faites, au ſujet des Dénonciations qui vous ſont faites pour la reſtitution des productions des Inſtances priſes en Commiſſion, vous en ferez part à Meſſieurs vos Confreres à votre premiere Aſſemblée, & vous l'inſererez dans vos Regiſtres, afin que les intentions de Monſeigneur, ſoient exécutées, & qu'il n'y ait aucun prétexte pour éluder les diſpoſitions du Reglement du Conſeil ſur cette matiere.

J'ai l'honneur d'être très-parfaitement, Monſieur, votre très-humble & très-obéiſſant ſerviteur, LANGLOIS.

Enſuit la teneur de la Copie de la Lettre écrite aux Huiſſiers du Conſeil.

Les Syndics des Avocats aux Conſeils, Monſieur, ayant repréſenté à Monſeigneur le Chancelier, que faute par les Huiſſiers du Conſeil de marquer dans les Dénonciations qu'ils leur font, des ſommations faites aux Avocats pour la reſtitution des productions des Inſtances, la datte du Recepiſſé donné par l'Avocat, & celle du jour auquel il s'eſt ſoûmis de les rendre, ils ſe trouvoient toujours obligés de prendre une premiere Délibération pour en faire juſtifier, ce qui tendoit à introduire un nouveau délai pour la reſtitution des Piéces, contre l'eſprit & la lettre du Reglement. Monſeigneur m'a ordonné de vous mander que ſon intention eſt, qu'à l'avenir, vous ayiez attention de faire toujours mention dans ces ſortes de Dénonciations au Greffier des Avocats aux Conſeils, de la datte du Recepiſſé de l'Avocat contre lequel on pourſuit la reſtitution des productions, & de celle du jour auquel il ſera engagé de les rendre, vous aurez ſoin de faire part de cette Lettre à Meſſieurs vos Confreres, afin qu'ils s'y conforment exactement, & c'eſt dans cette vûe que Monſeigneur m'a chargé d'en envoyer une Copie à Meſſieurs les Syndics des Avocats aux Conſeils, pour qu'il ne puiſſe plus ſe trouver

aucun moyen d'éluder les difpofitions du Reglement du Confeil à cet égard.

Lecture faite des deux Lettres, & la matiere mife en Délibération.

La Compagnie fous le bon plaifir de Monfeigneur le Chancelier a été d'avis qu'elles demeureront enregiftrées, au préfent Regiftre, & de fe conformer avec exactitude aux intentions de Monfeigneur le Chancelier, & ont mefdits Sieurs
Syndics figné.

DELIBERATION

DES AVOCATS AUX CONSEILS,

*SUR l'énonciation des Piéces juftificatives des Requêtes
en vû d'Arrêt & de Jugement dans le Corps de la Requête & avant les Conclufions.*

Du 20. Décembre 1740.

CE JOURD'HUI, en l'Affemblée tenuë en la Chambre
ordinaire au Palais, M. Durand, a dit: que Samedi dernier 17. du préfent mois, M. de Lamoignon de Courfon, Con-
feiller d'Eftat a mandé M. le Greffier, & l'a chargé des Ordres
du Confeil envers la Compagnie, en conféquence du Reglement, à ce que les Confreres à l'avenir euffent foin exactement de n'énoncer dans les Requêtes en vû d'Arrêt ou de
Jugement, les Piéces juftificatives, qu'entre les moyens de
ces fortes de Requêtes, & les Conclufions, & non après les
Conclufions.

Surquoi la matiere mife en délibération.

La Compagnie, fous le bon plaifir de Monfeigneur le Chancelier, a été d'avis, qu'à l'avenir les Confreres auroient attention à n'énoncer les Piéces juftificatives des Requêtes en vû
d'Arrêt ou de Jugement, qu'entre les moyens & les Conclufions, & non après les Conclufions, la Compagnie n'ayant rien
de plus à cœur que de fe conformer à l'exécution entiere du
Reglement & aux intentions du Confeil, & ont mefdits Sieurs
Syndics figné.

Avertiffement

Avertissement donné à chacun des Confreres en conséquence de la Déliberation précédente.

Messieurs les Confreres font avertis de la part de M^rs les Syndics, que Messieurs les Commissaires établis pour l'examen des Requêtes en vû d'Arrêt, ont remarqué que dans la plûpart des Requêtes introductives d'instance, d'intervention, ou autres en vû d'Arrêt, les Piéces étoient visées après les Conclusions & la signature de l'Avocat au Conseil, au lieu qu'elles doivent être énoncées dans la Requête même, & avant les Conclusions, suivant ce qui est prescrit par l'Article II. du Titre IX. de la premiere partie du Reglement du Conseil ; ce qui obligeroit Messieurs les Rapporteurs, ou Messieurs les Commissaires de les faire reformer, & retarderoit par conséquent l'expédition de ces sortes d'Affaires ; ainsi, Messieurs les Confreres font priés de ne pas manquer dorefnavant dans toutes les Requêtes en vû d'Arrêt ou de Jugement, fans exception, qu'ils signeront, d'énoncer sommairement les Piéces qu'ils jugeront à propos, de joindre à la Requête, en y marquant, que pour justifier de ce que dessus, ils employent telle & telle Piéces, & ce dans la Requête même, & avant les Conclusions qu'ils y prennent, & non après leur signature, & comme un simple vû de Piéces fait par le Secretaire du Rapporteur, ce qui ne satisfait pas l'esprit & la disposition du Reglement du Conseil.

Les Deliberations cy-dessus transcrites, ont été par Nous soussigné Greffier des Avocats aux Conseils, extraites des Registres de la Compagnie des Avocats, en conséquence de ses Ordres, pour être imprimées & distribuées à chacun des Confreres. Signé, BOCQUET DE TILLIERES.